L'éducation Est Le Pouvoir Un Extrait De La Vie De W.E.B. Du Bois

By: Lenny Williams

Published by Melanin Origins LLC
PO Box 122123; Arlington, TX 76012

First Edition

Library of Congress Control Number: 2019933455

ISBN: 978-1-62676-712-6 hardback
ISBN: 978-1-62676-717-1 paperback
ISBN: 978-1-62676-716-4 ebook

Dedication

Je dédie ce livre à tous les jeunes rêveurs et les dirigeants du monde entier. Ne jamais abandonner sur vos objectifs, et continuer à rêver et de mener comme un. La vie viendra avec des obstacles, mais je sais que vous aurez tous la force de les surmonter par la foi et par la sagesse que vous avez obtenue au cours des années.

Lenny Williams

L'éducation c'est le pouvoir et cela nous permet de mieux comprendre le monde qui nous entoure.

Je suis sûr que vos parents et vos enseignants vous ont parlé des choses incroyables qu'une éducation peut vous apporter aussi!

Cela m'a donné la capacité d'etre un grand apprenant et un grand enseignant, qualités dont une personne a besoin pour etre un grand leader!

Apprentissage

et

Enseignement

Bonjour, je m'appelle W.E.B. Du Bois, et je veux vous raconter comment l'éducation a changé ma vie

L'éducation c'est

le Pouvoir

APPRENTISSAGE

ENSEIGNEMENT

DIRECTION

Voici comment tout est arrivé! Tôt à l'école, mon enseignante a vu à quel point j'étais enthousiaste à l'idée d'apprendre.

Elle savait que l'apprentissage de nouvelles choses était très spécial pour moi, parce que j'aimais étudier et obtenir de bonnes notes à mes contrôles.

Un jour, elle m'a dit que si j'étudiais beaucoup, non seulement mon éducation me donnerait un titre d'honneur, mais cela me donnerait aussi la capacité de faire ce que je voudrais dans la vie.

L'éducation ne représente pas seulement le pouvoir, il le donne à quiconque le désire!

J'ai vécu par ces mots d'adultes dans ma vie, et ils m'ont directement propulsé sur la voie de l'université.

En fait, j'ai tellement aimé apprendre que je suis allé dans trois universités différentes! D'abord, je suis allé à l'université Fisk et ensuite à l'université de Berlin.

Fait amusant: Saviez-vous que l'Université de Berlin est en Allemagne? L'éducation peut vous emmener partout dans le monde.

Je suis devenu le 1er Afro-Américain à obtenir un doctorat de l'Université Harvard, alors n'hésitez pas à m'appeler Dr Du Bois si vous voulez.

Apprendre et devenir un grand leader était important, mais c'était aussi amusant! Je voulais partager le pouvoir de l'éducation avec mes amis afin qu'ils puissent aussi prendre plaisir.

J'ai donc créé un groupe connu sous le nom de «Dixième talentueux» et j'ai aidé à lancer la NAACP: l'Association nationale pour l'avancement des personnes de couleur.

La création de ces groupes a aidé mes amis et même de parfaits inconnus à recevoir une éducation. En tant que groupe de jeunes leaders, nous leur avons enseigné l'histoire, les mathématiques, la lecture, l'écriture et la science.

$$5+5=10$$

Je ne me suis pas arrêté là non plus; J'ai continué à partager l'éducation partout où je suis allé. J'ai enseigné un cours à l'Université d'Atlanta à Atlanta, en Géorgie.

Ensuite, j'ai visité le merveilleux pays du Ghana en Afrique de l'Ouest.

J'ai aussi enseigné pendant que j'étais au Ghana, mais ce que j'ai préféré dans le fait d'être dans un pays loin de chez moi était d'apprendre beaucoup de choses exceptionnelles sur les nombreuses cultures et manières de vivre qui étaient différentes de ce que je connaissais en Amérique.

Peu importe où j'ai voyagé, une chose est restée la même.
L'éducation était toujours nécessaire.

L'éducation c'est le Pouvoir

Utiliser votre cerveau pour apprendre vous donne la capacité d'être qui vous voulez être, faire ce que vous avez envie de faire, et aller où vous le souhaitez.

Vous avez le pouvoir d'être astronaute, médecin, enseignant ou même propriétaire de votre équipe sportive préférée! Tout est possible et il n'y a AUCUNE LIMITE!

Essayez d'apprendre quelque chose de nouveau tous les jours et vous verrez! L'éducation est le pouvoir!

www.ingramcontent.com/pod-product-compliance
Lightning Source LLC
Chambersburg PA
CBHW062006090426
42811CB00005B/767